Margret Bergmann

Vom Waldgeist
und anderen heimeligen
und unheimeligen Wesen

Impressum

© Provinz Verlag 2015
Weißenturmgasse 5
I-39042 Brixen (BZ)
www.provinz-verlag.com
e-mail: info@provinz-verlag.com – bk@provinz-verlag.com

Druck: A. Weger, Brixen 2015
Printed in Italy

ISBN: 978-88-88118-99-4

Margret Bergmann

erzählt

Vom Waldgeist
und anderen heimeligen
und
unheimeligen Wesen

**Ein Buch, in dem die eigene Fantasie
mitspielen darf**

 PROVINZ VERLAG

Inhaltsverzeichnis

Vorwort

Ein paar Worte an euch, liebe Leserinnen und Leser

Dieses Buch möchte euch Geschichten aus alten Zeiten, Sagen und Märchen erzählen, die ich zum Teil übernommen und überarbeitet habe. Zum Großteil sind die Erzählungen jedoch in meiner Fantasie gewachsen und meinem Herzen geschenkt worden.

Natürlich muss auch in diesen Geschichten der Gierige, der Eigennützige büßen; doch vor allem wollte ich meinen Gestalten eine frohe Botschaft mitgeben, eine Lebenseinstellung, mit der es uns allen besser gehen kann.

Und jetzt:
Etwas für alle jungen Leserinnen und Leser jeden Alters:
Die Geschichten laden euch ein, selbst nach eigener Fantasie kreativ zu werden:
Malt, gestaltet Collagen, dichtet, tanzt, spielt Theater und, und, und …
lasst einfach eurer Fantasie freien Lauf.

Ich freue mich, wenn das Buch begeisterte, kreative, abenteuerlustige Leser und Leserinnen findet.
Eure

Margret Bergmann

Barbara Natter hat das Umschlagbild und die meisten Initialen geschaffen, einige stammen von *Katharina Ferretti*.

Ein großes Dankeschön auch meiner Schwester *Veronika (Vroni),* die als kritische Lekorin die Erstfassung las.

Das Flämmchen des wunderschönen Burgfräuleins
oder **Das Geheimnis der Ruine Burgstallegg**

Hoch oben, hinter dem roten Porphyrfelsen, der in der Nähe von Auer senkrecht ins Etschtal abfällt, gab es einmal eine Siedlung, von der heute nur noch Mauerreste einer Burg erhalten sind. Weil diese Burg an der äußersten Ecke des Felsens stand, nannte man sie Burgstallegg.

Hinter der Burg breitete sich saftiges Grünland aus, auf dem der Staller Bauer sein Vieh weiden ließ. Sein Hirt, der Valentin, trieb die Tiere jeden Morgen auf die Weide hinauf, ließ sie dort grasen und vertrieb sich selbst die Zeit, indem er Pfeifchen schnitzte und darauf pfiff, das heilsame Pech von den Lärchenstämmen sammelte oder einfach im Gras lag und die Wolkenbilder betrachtete, die sich vom Wind durch den Himmel tragen ließen.

Als er wieder einmal so dalag und ihn das zufriedene Muhen der Kühe immer schläfriger werden ließ, wurde er von einem feinen Stimmchen wieder hellwach.

Valentin setzte sich auf und sah, wie eine liebliche Gestalt auf ihn zukam. Es war ein wunderschönes Fräulein, das sich nun auch zu ihm setzte.

„Ich habe dich schon oft beobachtet, wie du deine Kühe weidest, wie du auf deinen verschiedenen Pfeifchen spielst oder Pech zum Heilen von bösartigen Wunden einsammelst."

„Die Leute kommen zur Bäuerin, wenn eine Wunde nicht heilen will. Sie streicht das Pech drauf, und die Wunde verschwindet. Ganz einfach. Was uns die Natur doch alles schenkt!", fügte er lachend hinzu.

Und nach einer kleinen Weile: „Setz dich doch her zu mir." Diese Einladung nahm das Fräulein allzu gerne an, denn der Hirt hatte ein fesches Aussehen und sein Lachen klang so silberhell.

Sie kamen ins Plaudern, redeten über dies und das, und das wunderschöne Fräulein erzählte ihm, dass es in der Burg dort draußen am Felsen zuhause sei.

Die Zeit verstrich im Flug, und schon hörten sie das Abendglöcklein läuten. Für den Hirten war es höchste Zeit, die Kühe nach Hause zu treiben.

„Ach, ein bisschen wirst du wohl noch bleiben können", bat das zauberschöne Fräulein, und weil sich der Hirt ganz tief im Herzen drin schon ein bisschen in das Mädchen verliebt hatte, ließ er sich gern überreden und blieb.

Erst als sich die Sonne hinter der Mendel zum Schlafen legte, besann er sich wieder, trieb eilig die Kühe zusammen und machte sich auf den Heimweg.

„Ich bin übrigens der Valentin", rief er dem Mädchen noch zu, „und wie heißt denn du?" Doch er erhielt keine Antwort mehr.

Mit grimmigem Gesicht wartete der Bauer schon vor der Stalltür. „Wo warst du denn so lang? Was hast du getrieben? Wieder die Zeit mit deinen Pfeifchen vertan? Oder ist dir gar eine Kuh abgestürzt, dass du dich nicht mehr heimgetraut hast? Sag!"
„Nein, nein, es ist alles gut. Es war heut nur besonders schön und warm auf der Weide draußen."

„Dass mir das ja nicht mehr vorkommt! Was meinst du, welche Sorgen ich mir ums teure Vieh gemacht habe!"
Das wurde ein später Abend voll trüber Gedanken, und wie du dir wohl denken kannst, der gute Valentin konnte und konnte in dieser Nacht nicht schlafen. Er dachte immerzu an das wunderschöne Fräulein und überlegte, wie es wohl heißen mochte. 'Kunigunde' vielleicht, oder 'Brunhilde', oder 'Abendschön'? Er musste das Fräulein unbedingt fragen.

Tags darauf trieb er das Vieh wieder auf seine Weide – und wartete. Und wartete gar nicht lange, da hörte er schon wieder das feine Stimmchen. Wieder setzte sich die Schöne zu ihm, und wieder hatten sie sich Vieles zu erzählen.

„Ich bin der Valentin, erinnerst du dich? Und deinen Namen, sagst du ihn mir?"

Das Burgfräulein drückte lange herum und schluckte und schluckte. „Weißt du, mein Name ist ein großes Geheimnis. Wer ihn weiß, kann reich und mit mir glücklich werden. Aber wehe, wenn er den Namen verrät. Dann geschieht ein großes Unheil." „Sag mir deinen Namen, ich verspreche dir, ihn nicht weiterzusagen, und ich möchte so gerne mit dir glücklich werden."

„Ich heiße 'Lebensfreud'. Wenn du dein Versprechen hältst, können wir schon bald glücklich werden und Hochzeit feiern, und du kommst zu mir in die Burg. Sie umarmten und küssten sich herzlich: „Meine Lebensfreud!"
„Mein Valentin! Bald werden wir miteinander glücklich sein."

Wieder wurde es spät, sehr spät sogar, bis Valentin zu seinem Dienstherrn kam. Der stand schon mit der Peitsche vor der Stalltür und wollte nach dem Hirten schlagen.

„Das ist nicht mehr der schöne warme Tag, da steckt wohl etwas anderes dahinter, dass du den Weg nach Hause nicht mehr findest. Das Burgfräulein etwa?"

Valentin wurde über beide Ohren rot und senkte den Kopf. „Und wie heißt diese Dirn, die dich so verhext, dass du die Zeit vergisst?"

„Das darf ich nicht sagen, nein, das darf ich nicht sagen!"
„Und wie du es mir sagen wirst!" Schon schlug er mit der Peitsche aus, und die gezwirbelte Schnur schlug schmerz-

haft um Valentins Beine. Dann trat er Valentin mit seinen schweren Stiefeln in den Bauch und mitten ins Gesicht. „Morgen kannst du dir eine andere Arbeit suchen, wenn du so verstockt bist! Jawohl!"

Da wurde dem Valentin fast übel, und ohne es eigentlich zu wollen, stotterte er: „L e b e n s f r e u d' heißt sie."

Der Bauer konnte darauf gar nichts mehr antworten, so urplötzlich wurde die Erde erschüttert und von oben nach unten und nach allen Seiten gerüttelt. Der Bauernhof fiel in sich zusammen, und das Erbeben erfasste auch die Burg und riss sie in die Tiefe.

Heute steht nur mehr eine Ruine dort, wo einst das Glück hätte wohnen können. Und das wunderschöne Burgfräulein? Immer am Hohen Frauentag, am 15. August, leuchtet um Mitternacht ein wundersames blaues Flämmchen zwischen den Ruinen, schwebt hin und her, als ob es etwas suche.
Es wird wohl das Herzenslicht von ‚Lebensfreud' sein, das nicht aufhört, seinen geliebten Valentin zu suchen.

Und jetzt darf **Ich**

auf der nächsten Seite mit meiner F_ANT_AS^I^E *spielen!*

Ich darf die Geschichte künstlerisch gestalten
mit Techniken und Farben, die ich wähle,

ich darf eine Komposition in Melodie oder WORTE*n* dazu
erfinden,

ich darf sie weiter TRÄUMEN, weiter *SCHREIBEN*,

ICH DARF ...

VORSICHT

Bevor du mit der Arbeit beginnst, lege ein dickes Blatt unter die
freie Seite, damit die erste Seite der nächsten Geschichte nicht
beschädigt wird.

Die Geschichte von den Rittner Erdpyramiden

Vielleicht schon morgen, vielleicht noch heute … stieg Felix durch den steilen Föhrenwald auf dem Rittner Berg hinauf. Ziel hatte er keines. Wie 'Hans guck in die Luft' wollte er sich einfach nur die Zeit vertreiben. Hie und da naschte er ein paar Himbeeren, oder er bückte sich nach den Erdbeeren, die süß von ihren Stängeln baumelten.

Irgendwann einmal merkte Felix, wie der Boden sandiger, lehmiger wurde, und plötzlich stand er vor einer riesigen Gestalt aus Erde, kleinen Steinchen und Lehm. Sonderbar, dachte er und schaute immer höher und höher an dieser eigenartigen Figur empor. Ganz oben saß, wie eine schwere große Mütze, ein Riesenstein. Und als Felix so hinaufstarrte, löste sich plötzlich etwas Sand von oben, und Felix hörte, wie eine Stimme zu ihm sprach.

„Du findest mich seltsam, nicht wahr?"
„Ja sehr. Wie bist du da hergekommen? Und, und du bist ja nicht allein!"
„Es gibt viele von uns, wir versammeln uns hier und dort. Die Menschen sehen nur unser Äußeres und nennen uns Erd-Pyramiden."

„Vielleicht weil ihr ein bisschen so aussieht wie die großen Pyramiden von Gizeh? Das waren die reichen Gräber der Herrscher von Ägypten, der Pharaonen."
Davon hatte Felix in der Schule gehört, und nun war er fast ein bisschen stolz auf sein Wissen.
„Stimmt. In Ägypten stehen unsere Ahnen."

Der Sand hörte auf zu rieseln, und die Stimme der Pyramide verstummte, so als ob ihr Herz in die alte Zeit zurückgekehrt sei.

Noch eine Weile blieb Felix stehen. Er versuchte am Erdmantel der Pyramide zu kratzen, aber sie blieb stumm. So setze er seinen Weg fort. Viele Fragen wirbelten ihm im Kopf herum: Wie sind diese Pyramiden hierher gekommen? Haben sie vielleicht den riesengroßen Schatz der ägyptischen Herrscher mitgenommen? Wenn ich ihn herausholen könnte? Und schon strahlte vor seinen Augen das herrliche Gold, der leuchtende blaue Lapislazuli, die roten Rubine, die grün schimmernden Smaragde, die feinen Seiden und all die Prunkstücke, die den Pharaonen mit ins Grab gegeben worden waren. Er würde reich werden, wenn er auch nur einen winzigen Teil davon herausscharren könnte.

In dieser Nacht konnte Felix lange nicht einschlafen, bis ihn ein Traum in den Schlaf begleitete. Er sah sich in purpurnen Gewändern vor dem großen Rathaus stehen, und all die Schätze, die er in den Pyramiden gefunden hatte, stellte er aus zum Verkauf. Neugierige umringten ihn und bestaunten seine Kostbarkeiten. Er sah die entzückten Blicke der Vorübergehenden und die gierigen Augen all jener, die solch Schönes kaufen wollten. Eine feine Dame legte sich ein goldenes Stirnband um ihr Haupt, elegante Herren begannen zu feilschen. Ja, bald, bald würde er reich sein! Nur – verraten durfte er sein Geheimnis nicht! ...

Doch plötzlich streckten sich Arme nach seinen Schätzen aus, fassten die Edelsteine, das Gold, die Geschmeide. Sie rissen die feinen Seidentücher hoch, schwenkten sie durch die Luft und um Felix' Kopf herum, so dass er nichts mehr sehen konnte und ihm schwindelte.

„Hilfe! Hilfe! Hilfe!", hörte er seinen verzweifelten Schrei. Schweißnass wachte er auf.

Von da an quälten ihn Nacht um Nacht Albträume, und der Gedanke an die versteckten Reichtümer ließ ihm keine Ruhe. Er musste wieder hinauf zu den Pyramiden, um Gewissheit zu erlangen. In aller Herrgottsfrühe schulterte er Hacke und Schaufel und machte sich auf den Weg. Während er durch den Wald stieg, wurden seine Beine immer schwerer, sein Herz klopfte wie wild. Angst überkam ihn. Was würde ihn erwarten?

Bei seiner Pyramide angekommen, rieselte ihm wieder Sand entgegen.
„Ich habe dich schon erwartet. Ich weiß, der Wunsch nach Reichtum verführt die Menschen. Den Reichtum,

den du suchst, den gibt es in den Pyramiden nicht mehr. Jetzt bergen wir einen viel wertvolleren Schatz.

„Wertvoller als Gold und Diamanten?", keuchte Felix, immer noch außer Atem.
„Gold und Diamanten sind vergänglich oder gehen verloren. Der Schatz, den wir in uns bergen, ist nicht greifbar und man kann ihn nicht verkaufen. Man kann ihn nur verschenken – und er wird davon nicht kleiner, nein, während man ihn verschenkt, wird er größer und immer größer."

Felix spürte, wie er langsam ruhiger wurde. Immer noch rieselte Sand von der Pyramide, und er hörte:
„Wir tragen in uns den Schatz des Friedens, der Güte, den Schatz der Ehrlichkeit, den Schatz des Verstehens und Verzeihens, den Schatz der Treue, der Liebe, und noch viele ebenso wertvolle Schätze."

Betroffen fragte Felix: „Warum verschenkt ihr diese Kostbarkeiten nicht?" „Wir würden ja gern. Viele Menschen gehen an uns vorüber. Sie staunen über unsere äußere Form, aber sie haben noch nicht die Augen, in unser Inneres zu sehen. Sie sind nicht bereit für solche Geschenke. Willst du sie als Erster erhalten?"
Und wie Felix das wollte! Er blieb ganz still vor der Pyramide stehen und schloss die Augen. Da sah er sich, wie er seinem Schulkameraden, den er eigentlich nicht leiden mochte, den Ball zuwarf. Und er verstand: das ist Güte.

Er lächelte und schloss die Augen von Neuem. Er sah sich, wie er einem auf dem Rücken liegenden strampelnden Käfer wieder auf die Beine half. Das ist Zuwendung, dachte er.

Als Felix zum dritten Mal die Augen schloss, sah er, wie er seine kranke Großmutter besuchte, und er erkannte: das ist Dankbarkeit.

So schloss Felix die Augen immer und immer wieder, und irgendwann verstand er, was den wahren Reichtum ausmacht:

Nicht, was ich selbst erhalte und besitze ist mein Reichtum, sondern was ich verschenken darf.

Und jetzt darf **Ich**

auf der nächsten Seite mit meiner F_ANT_AS I^E *spielen!*

Ich darf die Geschichte künstlerisch gestalten
mit Techniken und Farben, die ich wähle,

ich darf eine Komposition in Melodie oder WORTE*n* dazu
erfinden,

ich darf sie weiter TRÄUMEN, weiter *SCHREIBEN,*

ICH DARF ...

VORSICHT

Bevor du mit der Arbeit beginnst, lege ein dickes Blatt unter die
freie Seite, damit die erste Seite der nächsten Geschichte nicht
beschädigt wird.

Das Robbenkind
oder **Vom unglaublichsten Wunder der Natur**

Vor so vielen Millionen Jahren, dass man sie gar nicht zählen kann, sah das Gebiet um die heutige Bletterbach-Schlucht ganz anders aus. Vulkane brachen immer wieder aus und schufen das Porphyrgestein, von weit her brachten träg dahinfließende Gewässer Schlamm und Sand und bauten damit Sandsteinplatten auf. Im Sand und Schlamm lebten Würmer, kleine Echsen und auch größere Tiere.

Die Flüsse trugen immer mehr Geröll zu Tal und schleppten es weiter und weiter, dem Meer zu. So kam es, dass das Land dem Meer immer näher rückte. Das Meer aber brachte seine Tiere und Pflanzen mit: Muscheltiere, Schnecken, Meeresgräser, Algen.

In den darauffolgenden Millionen von Jahren wich das Meer immer wieder zurück, ließ das Land trocken werden, um es dann erneut zu überfluten. Es war ein stetes Wechselspiel: Während der trockenen Zeiten fassten immer mehr Pflanzen hier Wurzeln und passten sich den Gegebenheiten des Bodens und des Klimas an. Es gab Schachtelhalme, so groß wie Bäume, es gab schon Samenfarne, Nadelbäume und solche, die wie Ginkos aussahen. Zwischen den Pflanzen tummelten sich die verschiedensten Tiere, und es gab viele Arten von Sauriern, die meist nicht ungefährlich waren, denn sie hatten riesige Kräfte und manche unter ihnen fraßen andere

Tiere auf. ... Bis das Meer erneut stieg und alles Lebendige im Schlamm vergrub. Übrig blieben bis heute ihre inzwischen versteinerten Fußabdrücke, die Abdrücke von Pflanzen und Muscheln.

So zeigt die ganze Bletterbach-Schlucht heute tausend und abertausend Wunder der Erde und Wunder der Natur, die auch heute noch in ständigem Wandel begriffen sind.

Einem der wunderbarsten Wunder bin ich selbst begegnet. Es ist schon mehr als ein Wunder: Ist es ein Zauber, eine Fantasterei? Da hält sich ein Robbenkind an einer Föhre fest. Man könnte auch meinen, es wäre ein seltsamer Ast, eine ungewöhnliche Wurzel. Aber nein, wenn du genauer hinschaust, erkennst du deutlich: es ist eine kleine Robbe. Die abenteuerliche Wundergeschichte dieses Robbenkindes will ich euch erzählen.

Alles kam so: Als sich das Meer wieder einmal zurückzog, rief die Robbenmutter ihr Kleines, es solle doch endlich mit hinaus ins Meer schwimmen. Es werde zu gefährlich hier, das Meer sei schon zu seicht geworden. „Nein, Mama, nur noch dieses Spiel. Ich spiele hier im Schlamm mit meinen Freunden Verstecken, und es ist so schön, sich in den Schlamm hineinzuwühlen und dann wieder aufzutauchen. Und diesmal werde ich sicher gewinnen. Bitte, lass uns fertig spielen. Ich komme gleich nach."

Als aber das Spiel beendet war, da war es leider schon zu spät. Der Schlamm war bereits dicker und fester geworden und ließ das Robbenkind nicht mehr los.

Doch mit dem Kind geschah etwas Wunderbares, Sagenhaftes, Zauberhaftes: Es wurde nicht zu Stein wie seine Spielgefährten, denn der Schlamm gab ihm Luft zum Atmen und brachte auch Nahrung mit sich.

So konnte das Robbenkind viele Jahre lang überleben, bis es endlich eine Föhre entdeckte, die etwas oben am Hang wuchs. Vielleicht könnte es von dort aus hinunter zum Meer sehen und seine Mutter rufen? Das Kleine robbte hinauf und klammerte sich an den Föhrenstamm. Doch das Meer konnte es nicht sehen: es hatte sich bereits viel zu weit zurückgezogen.

Das Robbenkind aber hält sich bis heute am Stamm fest. In Vollmondnächten ist es, als ob das Meer näher rückte, und dann ruft das Kind nach seiner Mutter. Und die Mutter im fernen Meer hält immer noch Ausschau nach ihrem Kleinen. Wenn es ein Menschenkind schaffte, in einer solchen Vollmondnacht zur Föhre an der Bletterbach-Schlucht hinaufzusteigen und das Robbenkind im Laufschritt zum Meer zu bringen, dann – dann würde die Mutter ihr Kind rufen hören, zu ihm schwimmen und die beiden wären wieder glücklich vereint. Dessen bin ich mir sicher.

Und jetzt darf **Ich**

auf der nächsten Seite mit meiner F$_A$NT$_A$^{S} ^{I} ^{E} *spielen!*

Ich darf die Geschichte künstlerisch gestalten
mit Techniken und Farben, die ich wähle,

ich darf eine Komposition in Melodie oder WORTEn dazu
erfinden,

ich darf sie weiter TRÄUMEN, weiter *SCHREIBEN,*

ICH DARF ...

VORSICHT

Bevor du mit der Arbeit beginnst, lege ein dickes Blatt unter die
freie Seite, damit die erste Seite der nächsten Geschichte nicht
beschädigt wird.

Rokal und der Wolf

Vor langer, langer, unendlich langer Zeit, als die Menschen noch in Höhlen oder in einfachen Holzhütten wohnten, geschah es, dass sich die Erde schüttelte, und alles zu zittern begann, selbst die Berge. Das Schütteln der Erde ließ die Berge übereinander stürzen, im Boden taten sich Risse auf, aus denen Feuer und heiße Flüsse aus glühender Lava drangen. Die Vögel stürzten vom Himmel, die Tiere der Erde verkrochen sich in ihre Bauten.

Der Stein, auf dem Rokal, der kräftigste Jüngling in der steinzeitlichen Jägersiedlung, gerade saß, wurde in die Höhe geschleudert. Rokal flog mit dem Stein durch die Luft und fiel in den reißenden Fluss.

Er wurde ein Stück weit fortgetragen, die zornigen Fluten schlugen ihn mit Wucht gegen die Flusssteine und die spitzen Felsbrocken, die auch in den Fluss gestürzt waren. Wie hart Rokal auch gegen die tosenden Wassermassen ankämpfte, er konnte das Ufer nicht erreichen. Er spürte, wie ihm langsam die Sinne schwanden. Gerade in diesem Augenblick stürzte wieder ein Felsblock vor ihm in den Fluss. Rokal stieß dagegen.

Mit der letzten Kraft klammerte er sich daran fest und schob sich ans Ufer. Dann wusste er nichts mehr.

Als er wieder erwachte, meinte er, in seiner Holzhütte zu sein. Das Dach aus Reisig brannte lichterloh.

„Mutter!", rief er in größter Sorge, und: „Rika, Rika, meine geliebte Rika! Wo seid ihr?"

Rokal aber war nicht in seiner Hütte in der Jägersiedlung: Es brannte der Wald. Er musste fort, fort! Er musste zur Hütte und seine Mutter und Rika retten!

Mühsam stemmte er sich auf, sein ganzer Körper schmerzte. Da bemerkte er einen Wolf, der ihn beobachtete. Ich muss ihn töten, überlegte er. Sonst tötet er mich.

Rokal hob einen schweren, kantigen Stein auf, doch als er ihn gegen das Tier schleudern wollte, sah er, dass auch der Wolf verletzt war. „Hast auch Schmerzen, bist auch ein Einsamer, bist auch verloren in diesem Feuer."

„Große Schmerzen und großen Hunger", antwortete der Wolf. „Ich hätte dich töten können, während du ohnmächtig warst, ich habe es nicht getan. Nun schone auch mich. Du wirst es nicht bereuen."

Rokal legte den Stein wieder hin. Er hat ja Recht, dachte er und suchte einen Weg, aus dem Feuer zu kommen. Er lief am Fluss entlang, und immer, wenn er sich umblickte, sah er den Wolf, der ihm gerade einen Speerwurf entfernt folgte.

Endlich entkamen die beiden dem Feuersturm, und dann senkte sich die Nacht.

Rokal legte sich ins weiche Moos und fiel in einen tiefen Schlaf. Deshalb bemerkte er das Wolfsrudel nicht, das ihnen in einer größeren Entfernung gefolgt war. Der junge Mann schlief, bis das Licht des Morgens in seine Augen drang und ihn weckte.

Jetzt erhob sich der Wolf und winkte Rokal mit dem Kopf, er solle ihm folgen. Sie kamen bis an der Rand einer weiten Ebene. Plötzlich duckte sich der Wolf, schlich auf einen mächtigen Felsen zu – und kletterte hinauf. Gebückt folgte ihm Rokal, und auch er bestieg mühsam den Riesenstein. Der Wolf äugte hinunter, Rokal machte es ihm nach. Unter ihnen lag ein verletztes Mammut in seiner Blutlache.

„Uuuuh, uuuuh", heulte der Wolf, und im Nu stand das ganze Wolfsrudel angriffslustig um den Felsen. Noch einmal heulte der Wolf, und dann stürzten sich die Wölfe auf das Mammut und erlösten es mit gezielten Bissen aus seinem Elend. Dann legten sie sich in einiger Entfernung nieder und beobachteten, was weiter geschehen würde.

Rokal stand ratlos da. So viel Fleisch, die starken Stoßzähne, das warme Fell, alles gehörte ihm, aber wie sollte er das tote Mammut zerteilen? Da sah er auch schon den Wolf, der ihm im Maul einen messerscharfen Steinkeil brachte. Damit schnitt Rokal die mächtigen Stoßzähne aus dem Kiefer des Tieres und häutete es. „Diese Stoßzähne werden mir beim Bau einer Hütte nützlich sein und das Fell wird die Hütte im Innern gemütlich warm halten. Vielleicht finde ich sie doch noch, meine Mutter und meine geliebte Rika", überlegte er laut. Er zerteilte den Körper des Tieres und legte das Fleisch tief in eine Höhle an der Schattenseite des mächtigen Felsen. Den Wölfen warf er zum Dank die Knochen und alles Fleisch zu, das er nicht für sich selbst brauchen würde.

Rokal sammelte vom Wind umgehauene dünne Baumstämme und starke Äste und baute sich damit eine kleine Hütte an der Sonnenseite des Felsen. Den Eingang verstärkte er mit den herrlichen Stoßzähnen des Mammut.

Der Wolf, sein Wolf, schlief stets in der Nähe, Rokal warf ihm Fleisch und Knochen zu, und jeden Tag rückte der Wolf ein bisschen näher an die Hütte. Endlich kam der Tag, an dem der Wolf seine Schnauze durch den Hütteneingang schob. Rokal war gerade dabei, einen Knochen abzunagen.

„Komm nur, wir gehören ja zusammen!", winkte er den Wolf herein. Vorsichtig, so als ob er Angst hätte in diesen Innenraum zu treten, tappte sich der Wolf ganz nahe an Rokal heran und ließ sich einen Knochen schenken.

Von nun an legte sich der Wolf nachts wie ein Wächter zu Rokals Füßen und schlief in der Hütte. So verging die Zeit, bis der Wolf wieder unruhig wurde und mit den Bewegungen seines Kopfes Rokal zu verstehen gab, er solle mit ihm gehen. Der Wolf führte Rokal durch einen Birkenwald bis zu einem kleinen, moorigen See. Durch den aufsteigenden Nebel erspähte Rokal zwei menschliche Gestalten: eine mit gebeugtem Rücken und grau-krausen Haaren, die andere mit einem schönen, jungen Körper und langen schwarz herabfallenden Haaren.

Er ging auf sie zu und erkannte sie: es waren seine Mutter und Rika, das Mädchen, das er liebte.

Rokal umarmte die beiden und führte sie heim in seine Hütte unter dem schützenden Felsen. Dort lebten sie fortan glücklich und der Wolf blieb bei ihnen.

So kam es, dass der Wolf gezähmt und zu einem Haustier wurde. Mit der Zeit gaben ihm die Menschen einen neuen Namen und nannten ihn 'Hund'. Und bis heute gehört der Hund in vielen Ländern der Welt zu den wichtigsten und beliebtesten Haustieren.

Und jetzt darf **Ich**

auf der nächsten Seite mit meiner F$_A$NT$_A$S^I^{E} spielen!

Ich darf die Geschichte künstlerisch gestalten
mit Techniken und Farben, die ich wähle,

ich darf eine Komposition in Melodie oder WORTEn dazu
erfinden,

ich darf sie weiter TRÄUMEN, weiter SCHREIBEN,

ICH DARF ...

VORSICHT

Bevor du mit der Arbeit beginnst, lege ein dickes Blatt unter die
freie Seite, damit die erste Seite der nächsten Geschichte nicht
beschädigt wird.

Der „himmlische" Flötenspieler

Vor langer, langer Zeit lebte in der Gegend von Aldein ein junger Mann, der, wenn er hungrig war, zum kleinen See oberhalb der Bletterbach-Schlucht hinaufstieg um zu fischen. Er setzte sich auf einen Stein am Seeufer, warf seine Angel aus und wartete, bis ein Fisch anbiss. Und während er wartete, spielte er auf seiner Flöte Lieder und Melodien, die ihm gerade in den Sinn kamen. Seine Musik war noch viel lieblicher als das Trillern und Zwitschern der Vögel. Sobald sein Flötenspiel ertönte, setzten sich die Vögel auf Zweige und Zäune, um der Musik zu lauschen, und die Hirten legten sich ins Gras und hörten zu. Dabei dachten sie an vergangene schöne Zeiten zurück, oder sie träumten von der großen Liebe, die ihnen sicher einmal geschenkt werden würde, von lieben, guten und fröhlichen Mädchen, die ihnen einmal reizende Kinder schenken würden. Weil er so wundervoll spielte, nannten ihn die Leute den „himmlischen" Flötenspieler.

Eines Tages gab der Almkönig auf den weiten Wiesen am Rande der Bletterbach-Schlucht ein Festessen, zu dem er alle Menschen der Gegend einlud. Er selbst hatte sich mit duftenden Almblumen geschmückt, und auch die Gäste zogen sich ihre schönsten Gewänder an. Köstlichste Speisen und Getränke wurden aufgetischt, man prostete und trank sich fröhlich zu.

Gerade zu dieser Zeit saß der „himmlische" Flötenspieler wieder am See, und während er darauf wartete, dass ein Fisch anbeißen würde, spielte er die Flöte. Die zauberhaften Klänge drangen hinauf bis zum Almkönig und seinen Gästen. Der König und die ganze Gesellschaft hörten wie gebannt zu und vergaßen aufs Essen und Trinken. Alles wurde still, alle lauschten dem geheimnisvollen Flötenspiel. Der König wollte wissen, wer denn so wunderbar auf der Flöte spielen konnte, und er machte sich auf die Suche nach dem Musikanten. Endlich fand er ihn am Ufer des kleinen Sees und redete ihn an:
„Komm und iss mit uns und spiel uns deine herzerwärmenden Melodien." Da sagte der Flötenspieler nicht nein und setzte sich zur heiteren Gesellschaft. Wie genoss er die Speisen: solch leckeres Essen hatte er noch nie auch nur gekostet. Das Fest dauerte bis in den späten Nachmittag hinein, und als sich die Gäste verabschiedeten, bat der König den geheimnisvollen Flötenspieler, diese Kunst auch seinem eigenen Sohn beizubringen. Der Musikant stimmte gern zu und folgte dem Almkönig in seinen Palast.
Nun war aber der Sohn des Königs äußerst unmusikalisch und hatte überhaupt kein Interesse an der Musik. Der Flötenspieler brauchte viel Geduld und Geschick

mit dem Jungen. Im Laufe der langen Lehrzeit berührte die Musik des Flötenspielers aber das Herz des Königssohnes immer mehr und er begann, die Harmonie der Töne zu lieben. Auch seine Fingerfertigkeit wuchs von Tag zu Tag mit dem Üben, in das er nun auch sein Herz legte.

Nach drei Jahren war es endlich soweit, dass der Königssohn seinem Vater ein kleines Konzert geben konnte. Der Almkönig war begeistert und wollte dem Lehrmeister für seine Mühe ein wertvolles Geschenk überreichen. Der Prinz sollte ihn in seine Schatzkammer führen, damit er sich zwei wertvolle Stücke auswählen könne, die ihn reich oder glücklich machen würden. Also folgte der „himmlische" Flötenspieler seinem Schüler, und sie betraten das weite Gebäude, in dem alle Schätze des Königs aufbewahrt wurden. Noch nie hatte der junge Mann – und auch niemand von uns – so viele Kostbarkeiten gesehen.

Auf einem langen Tisch glitzerten bunte Edelsteine, rote Rubine, gelber Bernstein, blauer Lapislazuli, grüne Smaragde und violette Amethyste. Selbst Diamanten leuchteten dem Flötenspieler in allen Farben glitzernd entgegen. Auf einem anderen Tisch lagen schwere Goldstangen.

Geflochtene Körbe in allen Größen hingen an den Wänden. Der „himmlische" Flötenspieler sah sich alles an und überlegte: Wenn ich mir einen geflochtenen Korb nehme, habe ich etwas, in dem ich meine gefangenen Fische tragen kann. Er nahm einen mittelgroßen Korb und hängte ihn an seinen Gürtel.

Dann ging er weiter. In einem Schrank lagen aus Schilf gearbeitete Regenumhänge in verschiedenen Längen. Er dachte, wenn ich einen von diesen nehme, kann ich auch bei Regen fischen gehen. Er nahm einen mittel-großen Schilf-Regenumhang aus dem Schrank und warf ihn sich über die Schulter.

„Warum wählst du solch alltägliche Dinge und nicht kostbare Edelsteine oder Gold?", fragte der Junge.

„Gold und Edelsteine sind nicht die nützlichsten Dinge", erwiderte der Flötenspieler mit einem Lächeln. „Nach einer gewissen Zeit würden einem diese Dinge nichts mehr bedeuten.

Aber jetzt, da ich diesen Korb und diesen Umhang habe, kann ich jeden Tag fischen gehen und werde nicht ver-hungern."

Schon bald machte der „himmlische" Flötenspieler eine überraschende Entdeckung. Der Korb und der Umhang waren keine gewöhnlichen Dinge, sondern wirkliche Schätze. Hatte er beim Fischen keinen Erfolg und kam hungrig nach Hause, so füllte sich in der Stube der Korb stets mit köstlichen Speisen. Wenn es regnete, breitete sich der Regenumhang wie ein Schirm über ihm aus und schützte ihn.

So gingen einige Jahre dahin. Als an einem trüben Herbsttag ein heftiger Sturm aufkam, faltete sich der Regenumhang des Fischers auseinander und der Wir-belwind trug ihn auf die Spitze des Weißhorns.

Von dort oben konnte der Flötenspieler weit über die Berge und ins Land hineinsehen. Das erfüllte sein Herz mit großer Dankbarkeit, und er spielte von nun an neue Melodien auf seiner Flöte.

Sie klingen manchmal wie Wind, manchmal wie Vogelgesang oder das Jubeln der Lerchen und bringen seither Freude und Glück zu den Menschen.

Nur, es braucht gute Ohren, um in den Stimmen der Natur die Flötentöne zu erkennen.

Und jetzt darf **_Ich_**

auf der nächsten Seite mit meiner F<small>A</small>NT<small>A</small>S <small>I E</small> _spielen!_

Ich darf die Geschichte künstlerisch gestalten
mit Techniken und Farben, die ich wähle,

ich darf eine Komposition in Melodie oder W<small>O</small>RT<small>E</small>n dazu
erfinden,

ich darf sie weiter TRÄUMEN, weiter _SCHREIBEN,_

ICH DARF ...

VORSICHT

Bevor du mit der Arbeit beginnst, lege ein dickes Blatt unter die
freie Seite, damit die erste Seite der nächsten Geschichte nicht
beschädigt wird.

Die Strafe des Waldgeistes
oder **Wie die Bletterbach-Schlucht entstanden ist**

In uralten Zeiten ragte das Weißhorn als mächtiger weißer Kegelberg hoch hinauf in den Himmel. Zu seinen Füßen breiteten sich saftige Almen aus, auf denen Alpenrosen blühten, Arnika und Margeriten wuchsen und Brunellen mit ihrem betörenden Duft die Menschen beglückten. Weiter unten standen dunkle Kiefern- und Fichtenwälder.

Aus dem weißen Gestein des Berges sprudelte eine klare Quelle, die Mensch und Tier erfreute. Sie sprang frisch den Berg hinunter, bis sie sich weit unten im Tal mit anderen Bächen vereinte und gemeinsam mit ihnen hurtig der Etsch zuströmte.

Im dunklen Fichtenwald hauste der Waldgeist. Er beschützte die Menschen, die im Wald wohnten, die Bäume und Wiesen, auch die Tiere und Waldarbeiter, vor allem aber die glasklare Quelle.

Lange Zeit blieb es so: friedlich und gut – bis sich der Riese Grimm auf der anderen Seite des Berges niederließ. Dort errichtete er einen unheimlich großen Bau und hauste darin mit seiner Frau, der Hilde. Sie lebten recht gut von allem, was die Natur hergab, von wilden Tieren, Vögeln, Pilzen und Kräutern. Nur eines fehlte ihnen: gutes klares Wasser.

Deshalb machte sich der Riese Grimm auf die Suche und fand die wunderbare Quelle unter dem Weißhorn. Da der Waldgeist ein gutes Herz hatte, gestattete er dem Riesen, jeden Tag so viel Wasser von der Quelle zu nehmen, wie er für sich und seine Frau, die Hilde, brauchte. Eine Zeit lang war der Riese damit zufrieden, aber bald schon überkam ihn die Ungeduld. Die Quelle floss nämlich langsam, und es dauerte immer eine lange Weile, bis er seinen Eimer gefüllt hatte. Da sann Grimm auf eine List.

Unterhalb der Quelle errichtete er einen mächtigen Damm, der das Wasser zurückhielt. Er brauchte nun nicht mehr Ewigkeiten unter der Quelle stehen und warten, er kam zu seinem Wasserbecken, zog den Eimer durch, und mit dem gefüllten Eimer ging er wieder heim zu seiner Hilde.

Dass der Wald und die Wiesen darunter vertrockneten, kümmerte ihn nicht. Dass die Menschen und Tiere verdursteten, scherte ihn nicht.

Da beschwor der Waldgeist den Herrn der Wolken, und der versammelte alle Wolken des Himmels über dem Weißhorn. Und es ging ein Gewitter nieder, wie es die Welt noch nie erlebt hatte. Der Regen stürzte auf die Erde, füllte den Stausee des Riesen bis zum Rand, und letztendlich brach der Damm. Mit einem schaurigen Getöse stürzte das Wasser zu Tal und riss alles mit, was ihm im Wege stand: Bäume, Sträucher, Steine, Wurzelwerk und Schutt.

Erst nach Tagen verzogen sich die Wolken, der Himmel klarte auf, und der Riese Grimm, der in seinem Bau hinter dem Weißhorn Schutz gesucht hatte, wagte sich wieder hervor. Der Damm ist kaputt, stellte er fest, mein Wasser rinnt davon, wer hat mich so bestraft? Der Waldgeist selbst etwa?
Seither hält er sich versteckt und lässt sich kaum mehr blicken.

Der Waldgeist aber stieg hinunter in die Schlucht, die der Sturzbach aufgerissen hatte. Und dabei entdeckte er, dass es kein Übel gibt, das nicht auch etwas Gutes bringt. Als er von Stein zu Stein über den Bach stieg, staunte er nicht wenig, dass hier uralte Spuren freigelegt worden waren: Spuren von Muscheltieren, die vor Jahrmillionen hier lebten, als unser Land noch vom Meer bedeckt war, Spuren von Dinosauriern, die vor undenklichen Zeiten die Gegend bevölkert hatten und Abdrücke von Pflanzen, die hier einmal wuchsen...

Seit jenem heftigen Gewitter hat der Quellbach sein klares Wasser verloren, denn immer wieder bröckeln Trümmer vom Damm des Riesen zu Tal und färben das Wasser braun. Erst wenn der letzte Rest des Dammes abgetragen sein wird, wird auch die Quelle wieder rein und klar zu Tal fließen.

Wenn du aber heute durch die Schlucht des Bletter-
bachs gehst und sich dunkle Wolken zusammenziehen,
dann sei auf der Hut, denn es kann sein, dass sich ein
Gewitter zusammenbraut und wieder ein Dammbrocken
herunterbricht und das Wasser so wuchtig in die Tiefe
stürzt, dass es dich mitreißt.

Und jetzt darf **Ich**

auf der nächsten Seite mit meiner F$_A$NT$_A$S^I^{E} *spielen!*

Ich darf die Geschichte künstlerisch gestalten
mit Techniken und Farben, die ich wähle,

ich darf eine Komposition in Melodie oder W$_O$RTEn dazu
erfinden,

ich darf sie weiter TRÄUMEN, weiter SCHREIBEN,

ICH DARF ...

VORSICHT

Bevor du mit der Arbeit beginnst, lege ein dickes Blatt unter die
freie Seite, damit die erste Seite der nächsten Geschichte nicht
beschädigt wird.

Hexenstein und Elfensee

Vor Zeiten glaubte man noch an die böse Macht von Hexen: an welche böse Macht?

Die Hexen, wie man sie nannte, waren weise Frauen, die um die Geheimnisse und Wunderkräfte der Natur Bescheid wussten. Immer in den Vollmondnächten trafen sie sich am Hexenstein, der tief im Wald unweit von Aldein steht, und tauschten ihre Erfahrungen aus.

„Ich habe ein Kräutlein entdeckt, stellt euch vor, das hat der Hinterbichl-Bäuerin das Leben gerettet. Die wäre nach der Geburt ihres dreizehnten Kindes fast verblutet. Niemand wusste mehr einen Rat. Da klaubte ich schnell eine Handvoll von so rundflächigen Blättern und übergoss sie mit siedendem Wasser. Das trank die Bäuerin, und das Bluten hörte auf. „Die Blätter sehen ja aus wie der Schutzmantel Marias", sagte die älteste Tochter der Hinterbichlerin, die dabei gewesen war. „Man sollte die Pflanze Marienmantel nennen, oder Frauenmantel."

„Und ich habe einer Frau, deren offene Wunde am Bein sehr schmerzte und nicht heilen wollte, die spitzigen Blätter aufgelegt, die oft am Wegrand wachsen. Schon bald wurde die Wunde kleiner und heilte schließlich ganz. Weil das Kraut so spitze Blätter hat und häufig am Wegrand wächst, habe ich es Spitzwegerich genannt", sagte eine zweite weise Frau.

Und wieder eine andere fügte hinzu: „Zu mir ist ein Glatzkopf gekommen, ich solle ihm doch sagen, wie seine Haare wieder wachsen könnten. ,Reib deinen Schädel jeden Tag mit Brennnesselsaft ein, dann werden die Haare bald wieder wachsen.' Als er mir vor drei Tagen über den Weg lief, sah ich die jungen Härchen sprießen und ihn selbst strahlen."

So lebten diese Frauen – meist einsam – in ihren Hütten, sammelten im Wald Wurzeln, schwarze oder rote Erde, Kräuter, Beeren, Rinden, Blätter und Früchte. Sie beobachteten den Mond, die Sterne, die Jahreszeiten und horchten auf die vielen Geräusche der Nacht.
Wie gesagt, jedes Mal, wenn der Mond weiß und rund am Himmel stand, trafen sich diese Frauen beim so genannten „Hexenstein". Hier tauschten sie ihre Erfahrungen aus, hier gaben sie sich Neuigkeiten weiter, hier verrieten sie den anderen ihre eigenen Geheimnisse.
Dann gingen sie zu den Kranken und schenkten ihnen – wann immer möglich – Heilung.
Deshalb waren diese Frauen Heilbringer, heilende Menschen.

Doch leider – wie es halt so ist in dieser Welt – hatten die guten Frauen auch Neider, die boshafte Nachrichten über sie verbreiteten und sie verleumdeten. „Des sein koane Heilerinnen, des sein Hexn, de in di Leit lei Schlechts tian!“

Besonders beim Wolle-Spinnen an den langen Winterabenden wussten sich die Bäuerinnen viel zu erzählen: „Hosch net gsegn, wia's Madele von der Tine olm schwecher und schwecher gwordn isch, und gonz bloss? Und wia's nor gschtorbn isch? Semm hot net amol der Pforrer mehr gewisst, was sogn.“ „Des konn leicht sein, dass do a Hex im Spiel wor, i hon holt, wenn's aso Nocht gwordn isch, olm a komische Gstolt ums Haus von der Tine schleichn gsegn.“ Solche und andere schreckliche Geschichten erzählte man sich, und erst recht feurig ging es im Gasthaus bei einem guten Glas Wein zu.

„Jo, prum glabsch denn, isch dem Willele sei Kuah verreckt? Unds Wetter, des ihm nochr no in Stodl hot obrennen lossn? Sell wett i, des isch ols a Hexerei!“

„Do gib i enk Recht, do sein First, do sein First, do sein First, do sein bease Kräfte im Spiel.“

Bald schon wurde die Schuld für alle Unglücksfälle und Naturkatastrophen den „Hexen“ zugeschoben.

„De sein an inserm gonzen Elend schuld. De sein mit'm Teifl im Bund. De bringen lei Unheil net Heil, sell meg's mir glabn!“ „Und wisst es, wo de sich treffen? Unten, beim Hexenstoan, olm, wenn Vollmond isch.“

Diese Nachrichten breiteten sich aus wie Feuer im Stroh, und schon bald wurden die weisen, die heilenden Frauen als Hexen verfolgt.

An einem Vollmondabend versteckten sich alle Aldeiner Männer im Wald rund um den „Hexenstein" und warteten auf die geheimnisvollen Frauen.

Schon kamen sie aus allen Richtungen herbei, und die Versammlung begann. Eine der weisen Frauen hatte ein neues Rezept zur Vertreibung von Kopfläusen mitgebracht, und das sollte nun auf dem hohen Hexenstein zubereitet werden.

Doch sobald das Feuer auf dem Stein brannte, stürmten die Aldeiner mit Heugabeln und Sensen auf den Hexenstein zu und krächzten: „Verdommte Hexn, aweck mit enk! Es brings lei Unheil und net Heil!"

Und die weisen Frauen, die schon so vielen Menschen in ihrer Krankheit geholfen hatten, flohen. Sie flohen den Hang hinunter bis zum See, den man heute den 'Göllersee' nennt, und rannten hinein.

Doch wie es ihre Bestimmung haben wollte: sie ertranken nicht, nein: Sie fanden am Boden des Sees eine zauberhafte Wohnstätte, in der sich Seealgen wiegten, in der sich Fischlein tummelten und Seemuscheln ihr Zuhause hatten.

Seither fühlen sie sich wohl in der Geborgenheit dieses Sees. Nur wenn ein Kranker sie braucht, steigen sie aus dem Wasser, um ihm zu helfen.

Deshalb wird der 'Göllersee' auch 'Elfensee' genannt.

Nur: Wenige wissen es,

und du weißt es jetzt auch!

Und jetzt darf **Ich**

auf der nächsten Seite mit meiner F$_A$NT$_A$S^I^{E} spielen!

Ich darf die Geschichte künstlerisch gestalten
mit Techniken und Farben, die ich wähle,

ich darf eine Komposition in Melodie oder W$_O$RTEn dazu
erfinden,

ich darf sie weiter TRÄUMEN, weiter *SCHREIBEN*,

ICH DARF ...

VORSICHT

Bevor du mit der Arbeit beginnst, lege ein dickes Blatt unter die
freie Seite, damit die erste Seite der nächsten Geschichte nicht
beschädigt wird.

Vom Goldbrünnlein und dem gierigen Bauern

Unterhalb der 'Neuhütt' breiten sich schöne Weidegründe aus, die schon in alten Zeiten genutzt wurden. Dort hatte ein junger Bauer seinen Hof aufgestellt, dann heiratete er die fleißige Tochter vom 'Steinbock' aus Aldein und wäre wohl zufrieden gewesen, wenn es bei seinem Hof auch eine gute Wasserquelle gegeben hätte. Aber seine Kinder – jedes Jahr kam ein neues hinzu – und selbst seine Rinder tranken das Wasser aus dem Brunnentrog vor dem Haus nur unwillig.

Eines Tages erfuhr der Bauer von einem Brünnlein oberhalb der Bletterbach-Schlucht, dort solle es das allerbeste Quellwasser geben. Er fand das Brünnlein auch und trank die Köstlichkeit. Sogar einen großen Milchkübel füllte er damit und trug ihn auf dem Rücken nach Hause. Der Weg war steil, und er musste eine gefährliche Geröllhalde überqueren. Das machte ihm nichts aus: Endlich hatte er gefunden, was er schon so lange gesucht hatte.

Seine Frau trank vom Wasser, seine Kinder tranken, und endlich schüttete er den Wasserrest in den sauber geschrubbten Brunnentrog vor dem Haus. Die Ochsen und die Kühe muhten zufrieden.

Von nun an trieb der Bauer jeden Tag das Vieh hinunter zum Brünnlein, und das wunderbare Wasser tat den Tieren richtig gut. Sie fraßen mehr, gaben mehr Milch und wurden zugleich schwerer und schwerer.

Wenn nur das gefährliche Wegstück über die Geröllhalde nicht gewesen wäre! Doch wer nichts wagt, gewinnt auch nichts!

So stieg der Bauer jeden Tag zum Brünnlein hinunter, ließ die Rinder trinken, so lange sie wollten, und kehrte mit einem Milchkübel voll Wasser für Frau und Kinder den mühsamen Weg zu seiner Familie zurück.

Eines Tages jedoch passierte das Unglück. Beim Überqueren der Geröllhalde kam eine Kuh ins Rutschen, konnte sich nicht mehr halten und stürzte ab. Eine Weile stand der Bauer ratlos neben der toten Kuh, dann entschloss er sich, das Tier in große Stücke zu schneiden und ein Stück nach dem anderen zum Hof hinaufzuschleppen. Man muss in jedem Unglück auch etwas Gutes sehen, war er überzeugt; Fleisch steht sowieso kaum einmal auf dem Tisch.

Als er aber das letzte Stück, den Magen, aufheben wollte, war der so schwer, dass ihm ganz seltsam zumute wurde. Die muss wohl statt Gras Steine geschluckt haben! Mit Ho und Ruck gelang es ihm endlich, den Magen auf die Schulter zu hieven, und zuhause stieg er damit die steile Leiter in den Keller hinunter. Müssen ja nicht alle sehen, was drin ist, dachte er sich. Mit dem schärfsten Messer schnitt er den Magen auf und staunte nicht schlecht, als ihm ein großer Goldbatzen entgegenleuchtete. Potztausend! Das Gold kann nur von dem Wasser sein, das die Kuh dort unten beim Brünnlein gesoffen hat. Man hat ja schon oft gehört, dass es Bäche mit Gold drin gibt.

Der Bauer freute sich über den Schatz, verriet seiner Frau und den Kindern aber nichts. Immer öfter vertrieb er sich die Zeit unten in Auer und vergnügte sich mit seinen Goldklumpen beim Wein und mit lustigen Dirnen.

Als das Gold zur Neige ging, wollte er, wie man sich's denken kann, auf sein frischfröhliches Leben nicht mehr verzichten. Deshalb gab er auf der steilen Geröllhalde einem Ochsen einen gewaltigen Stoß, so dass auch dieser in den Tod stürzte. Wiederum trug er das tote Tier stückweise zum Hof hinauf – und zuletzt den schweren Magen. Tatsächlich fand er wiederum Gold im Magen, das er sogleich im hintersten Kellerwinkel versteckte und nach und nach bei seinen Vergnügungen in Auer verbrauchte.

Doch nach Auer hinunter war der Weg weit und steil, und als seine Knie steif und steifer wurden, schaffte er den beschwerlichen Weg nicht mehr. Nur: die Goldgier hatte ihn schon gepackt, und er trieb sein gottloses Leben weiter, indem er Tiere in den Tod stieß und dann das Gold aus deren Bäuchen im hintersten Keller versteckte.

So wurde die kleine Viehherde noch kleiner, die Bauersfrau und die Kinder hungerten schon, vom Dach tropfte der Regen in die Stube, und im Winter wehte der Wind die Schnee-flocken in die Schlafkammern. Es war schrecklich und wurde immer schrecklicher. Das Elend nahm seinen Lauf. Der Bauer sorgte sich immer weniger um Frau und Kinder; er hatte nur noch den einen Gedanken: Gold, noch mehr Gold! Ich hab noch zu wenig! So musste auch die letzte Kuh ihr Leben lassen und in der Stube hockte breit und grinsend die Not.

Doch: die Gier und die Habsucht rufen Rachegeister herbei, und so geschah es. Der Sommer kam, und eines Tages brach ein schreckliches Gewitter los. Plötzlich erleuchtete ein greller Blitz die Stube und setzte das Haus in Flammen.
„Hans, wo bist du? Hans! Hans! Es brennt!", rief die Frau in größter Angst. Zuerst scheuchte sie ihre Kinder aus dem Haus, dann suchte sie ihren Mann. Doch nirgends fand sie ihn. Als sie sich endlich die steile Leiter in den Keller hinunterwagte, sah sie den Bauern vor einem Riesenhaufen Goldbatzen liegen. Der Blitz hatte ihn erschlagen.

Die Witwe aber ging sorgfältig um mit dem Gold. Sie tauschte es gegen Milch und Butter und Eier für ihre Kinder ein, sie tauschte es gegen warme Kleider und gute Schuhe ein, sie verkaufte das Gold und konnte damit ein neues Haus und einen schönen Stall bauen und wiederum gesunde Kühe, die sie nun selbst zum Brünnlein führte.

Später ließ sie auch eine Wasserleitung verlegen, die von weither gutes Wasser bis zum neuen Hof brachte. So konnte sie sich den gefährlichen Weg über die Geröllhalde sparen.

Der Hof steht heute nicht mehr, aber das Brünnlein gibt es noch: auf dem Weg oberhalb der Bletterbach-Schlucht. Und wer aus diesem 'Goldbrünnlein' trinkt, hat ganz sicher auf dem Nachhauseweg ein kleines bisschen Gold im Magen.

Und jetzt darf **Ich**

auf der nächsten Seite mit meiner F$_A$N$_T_A$S^I^{E} spielen!

Ich darf die Geschichte künstlerisch gestalten
mit Techniken und Farben, die ich wähle,

ich darf eine Komposition in Melodie oder WORTEn dazu
erfinden,

ich darf sie weiter TRÄUMEN, weiter SCHREIBEN,

ICH DARF ...

VORSICHT

Bevor du mit der Arbeit beginnst, lege ein dickes Blatt unter die
freie Seite, damit die erste Seite der nächsten Geschichte nicht
beschädigt wird.

Wie die Lärche geboren wurde
oder **Die Hochzeit der Merisàna**

Im Costeàna Tal, das vom Falzàregopass hinunter nach Corvara führt, steigen auf der einen Seite die wuchtigen Wände der Tofàna himmelwärts, auf der anderen die fein gegliederten Spitzen der Croda del Lago. Satte Weiden breiten sich an den Berghängen aus, und wer feine Ohren hat, kann die alten Geschichten der Lärchenwälder hören, die der Wind übers Tal trägt. Eine dieser wundersamen Geschichten erzählt vom Werden der Lärche.

Der schönste Ort des ganzen Costeàna Tales ist ein kleiner Weidehügel, den man früher „Col di Merisàna" nannte. Merisàna war die Königin der weisen Undinen, der Wasserjungfrauen, die im nahen quellreinen „Ru de ra Vèrdzhines", dem Jungfrauenbach, lebten. Im Sommer trafen sich die Wasserjungfrauen um die Mittagszeit auf dem Hügel bei ihrer Königin. Es war eine Freude zu sehen, wie sie in ihren seidenfeinen Gewändern über die Wiesen huschten, und man konnte nicht sagen, was lieblicher war, ihre elfenzarten Bewegungen oder die unzähligen roten, gelben und blauen Blütenköpfchen, die damals noch den Sommer schmückten.

Merisàna hatte alles, was sie sich wünschen konnte: Gräser und Blumen verneigten sich vor ihr, Schmetterlinge umtanzten sie, Bäume und Sträucher gaben ihr Schatten, sogar der Bach floss sanfter dahin, wenn Merisàna mit ihm redete. Doch so sehr sich alle um Merisàna bemühten, so viel Lieder die Vögel ihr auch sangen, die Königin war stets betrübt, weil sie wusste, dass viele Lebewesen unglücklich sind und Schmerzen leiden müssen. Sie grübelte und grübelte, fand aber keinen Rat, wie sie all das Leid auslöschen könnte.

Eines Morgens kam der Strahlenkönig durch das Costeàna Tal herauf und hielt am Bach der Undinen Rast. Wo das Wasser wie durch einen Tümpel etwas ruhiger dahinfloss, sah er für einen Augenblick das Antlitz der wunderschönen Merisàna. Weil er aber noch nichts von den Wasserjungfrauen gehört hatte, die in den Fluten leben, glaubte er, nur ein Trugbild gesehen zu haben, und setzte seinen Weg fort. Schließlich kehrte er in sein Königreich hinter dem Antelào zurück.
Es war die Zeit gekommen, dass er sich eine Frau suchen sollte. Im Königreich gab es viele entzückende Mädchen, aber keines wollte ihm gefallen. In jedem Gesicht suchte er die Güte und Milde, die er im bezaubernden Antlitz im Bach der Wasserjungfrauen gesehen hatte.

Ein ganzes Jahr verging, und der Strahlenkönig konnte dieses zauberschöne, liebliche Gesicht nicht vergessen. Es zog ihn zurück an den Jungfrauenbach, an dem er die traumhafte Erscheinung zum ersten Mal gesehen hatte. Tatsächlich stieg sie um die Mittagszeit an derselben Stelle aus dem Bach und ging leichtfüßig auf den blumenübersäten Hügel.

Merisàna lächelte den strahlenden Jüngling an und lud ihn ein, sich zu ihr zu setzen. Sie redeten über dies und das, und dem Strahlenkönig gelang es sogar, Merisàna hie und da ein Lachen zu entlocken.

Von nun an trafen sie sich jeden Tag um die Mittagszeit auf dem Hügel, und ihre Gespräche wurden immer vertrauter. Doch als der Strahlenkönig endlich Merisàna fragte, ob sie seine Frau werden wolle, antwortete sie betrübt:

„Ich würde ja gern, doch bevor ich Hochzeit halten will, sollen alle Menschen glücklich werden: Niemand soll klagen müssen, niemand fluchen oder schlagen, kein Kind weinen, kein Tier soll gequält werden. Dann will ich gerne deine Braut und Lebensgefährtin werden."

In großer Sorge ging der Strahlenkönig zurück in sein Reich. Er war zwar mächtig, aber er zweifelte, ob und wie er es wohl bewirken könnte, alle Lebewesen glücklich zu machen. Nachdem er lange nachgedacht und seine engsten Ratgeber befragt hatte, zog er durch sein Reich und suchte Rat bei den weisesten Männern und klügsten Frauen. Doch alle Befragten meinten: „Das wird Euch niemals gelingen, auch wenn Ihr der Strahlenkönig seid."

Schweren Herzens kehrte der König zu Merisàna zurück. „Ich habe in schlaflosen Nächten nachgedacht und die weisesten Menschen befragt. Es gibt keinen Weg und kein Zauberkraut, alle glücklich zu machen." Betrübt ließ er den Kopf sinken.

Da gab Merisàna nach, erbat sich aber, dass nur an dem Tag ihrer Hochzeit alle Lebewesen glücklich sein müssten.

Und er wandte sich wieder an seine Ratgeber. Sie schüttelten nur den Kopf:

„Auch wenn Ihr nur einen Tag lang alle Menschen glücklich sehen wollt, es wird Euch nicht gelingen."

Über diese Nachricht wurde Merisàna sehr traurig. "Nicht einmal einen Tag lang kann die Not, die Sorge, der Schmerz weggewischt werden, nicht einen Tag lang kann das Glück regieren?"

Schließlich gab sie noch einmal nach und schlug vor: „Dann lassen wir es die eine Stunde der Mittagszeit sein. Wenn in dieser, meiner liebsten Stunde, alle im Frieden und glücklich sind, will ich dich heiraten, dich, meinen geliebten Strahlenkönig!"

Nun ging der Strahlenkönig zum dritten Mal fort. Diesmal war er voll Hoffnung und Zuversicht: Sicher würde es ihm gelingen, die Menschen zu überzeugen, dass der Friede Glück bringt, der Friede im eigenen Herzen und der Friede mit den anderen. Im Frieden könnten die Menschen auch ihre Sorgen abschütteln und glücklich sein.

Der Strahlenkönig wanderte weit, wanderte lange und brachte allen die Botschaft des Friedens, der glücklich macht. Und die Menschen nahmen die Botschaft an.

Da zogen die Pflanzen ihre schönsten Blütenkleider an, und Tiere und Menschen banden daraus Sträuße für das Brautpaar. Ein wunderbarer Duft und großer Friede schwebte über dem Hochzeitshügel, und noch immer brachten flinke Elfchen neue Sträuße herbei. Schon bald war kein Platz mehr für weitere Blumen.

Es waren aber ein paar Wichtelmänner aus dem Wald gekommen. Die meinten, man könne aus all den Sträußen, die auf dem Hügel keinen Platz mehr fanden, einen neuen Baum machen, und gleich fingen sie mit der Arbeit an. Sie banden Ast an Ast, Zweig an Zweig und schufen so die Lärche. Doch schon bald fehlte ihr die Lebenskraft, und der Baum begann traurig zu welken. Da dachte Merisàna, wenn ich der Lärche meinen Brautschleier umlege, wird sie vielleicht leben können. So geschah es: Merisàna hüllte ihren Schleier aus feinem, lichtgrünem Gewebe, das mit goldenen Fäden durchwirkt war, um die Lärche. Sofort kehrte die Kraft in den Baum zurück, der Schleier aber wuchs in sie hinein.

Deshalb ist die Lärche der seltsamste aller Nadelbäume. Im Frühling leuchtet er im hellen Licht des Brautschleiers und trägt an seinen weichen Zweigen die purpurnen Hochzeitsblumen der Merisàna, im Sommer spendet er sanften Schatten, und im Herbst, wenn sich seine Nadeln leuchtend gelb färben, lässt er sie zur Erde rieseln wie goldenen Regenstaub.

Nach einer Sage von Karl Felix Wolff frei erzählt

Und jetzt darf **Ich**

auf der nächsten Seite mit meiner F_ANT_a_S_**I**^E *spielen!*

Ich darf die Geschichte künstlerisch gestalten
mit Techniken und Farben, die ich wähle,

ich darf eine Komposition in Melodie oder W_ORTE_n dazu
erfinden,

ich darf sie weiter TRÄUMEN, weiter *SCHREIBEN*,

ICH DARF …

VORSICHT

Bevor du mit der Arbeit beginnst, lege ein dickes Blatt unter die
freie Seite, damit die erste Seite der nächsten Geschichte nicht
beschädigt wird.

Die Mistel

 icht unweit vom Dorf lebte in einem kleinen Bauernhof der Bauer mit seiner Frau. Täglich gingen sie ihrer Arbeit nach, der Bauer auf dem Feld und im Wald, die Bäuerin im Haus, im Stall und im Garten. Sie lebten bescheiden, hatten sich sehr lieb und wären auch ganz glücklich miteinander gewesen. Nur eines bedrückte sie: Monat um Monat, Jahr um Jahr warteten sie, aber es wollte und wollte kein Kindlein auf die Welt kommen.

Um ihre Traurigkeit ein bisschen zu vergessen, redete die Bäuerin mit den Kühen im Stall, mit den Ziegen und Schafen, sie streichelte die Hasen und Hühner, und oft hielt sie das rote Kätzchen auf dem Schoß. Es genoss die Wärme der Bäuerin. Sie brauchte sich nur auf die Stubenbank setzen, da sprang es auch schon auf ihren Schoß und wartete, bis die Bäuerin es streichelte, es kraulte, mit ihm spielte. Wenn es vom Spielen müde wurde, streckte es sich einmal, rollte sich zusammen und schlief ein.

„Ach, wärst du doch ein Kind!", flüsterte die Bäuerin und bettete das Kätzchen auf sein Kissen hinter der Ofenbank.

Der Bauer tat seine Arbeit auf dem Feld, säte im Frühling die Getreidekörner aus und erntete im Spätsommer das Korn. Im Herbst flickte er die Regenrinne und das Scheunendach, damit die eisigen Winterwinde draußen blieben. Dann begann die Arbeit im Wald. Holz musste er herbeischaffen, damit es in der Stube warm blieb, und die Futterkrippe für die Rehe wollte er in diesem Jahr auch ausbessern.

So brach er denn an einem späten Herbsttag schon zeitig in der Früh auf. Der Weg zur Futterkrippe war steil und weit – und schwer, denn er hatte auch gleich einen Rückenkorb voll Heu für die Rehe mitgenommen. Er leerte das Heu in die Krippe, lehnte sich an eine Fichte und zündete sein Pfeifchen an.
Und, obwohl seine Pfeife ganz und gar nicht nach gutem Heu roch und der Bauer immer wieder stinkigen Rauch ausblies, kamen die scheuen Rehe. Denn die Tiere kannten den Bauern und wussten, dass er ihnen nichts zuleide tat.
Da setzte sich plötzlich, wie aus dem Nichts aufgetaucht, ein graubrauner Vogel auf seinen Arm. Es war eine Drossel.

Wie zur Begrüßung sang sie zuerst ihr Morgenlied, dann aber sagte sie zum Bauern:

> *Ich weiß von deiner Traurigkeit,*
> *doch ist ein Kindlein nicht mehr weit.*
> *Zu meiner Kugel folge mir*
> *und nimm die Mistelzweige dir!*
> *Dein Wunsch wird sich schon bald erfüllen:*
> *Die Bäuerin wird ein Kindlein stillen.*

Dann flog die Drossel auf und winkte dem Bauern mit ihren Flügeln zu, er solle ihr folgen.

„Komm, heut ist Neumond, das ist die beste Zeit!"

Er hängte sich den leeren Rückenkorb über die Schultern und stieg der Drossel nach.

Das war aber gar nicht so einfach: Moosige Steine lagen im Weg, so dass der Bauer immer wieder ausrutschte, Zweige und Äste versperrten ihm den Weg und zerkratzten sein Gesicht, dann fiel er wieder auf einer eisigen Stelle hin. Aber die gute Drossel setzte sich immer wieder auf einen Baumwipfel, sang ein kurzes Liedchen und wartete, bis der Bauer nachgekommen war.

Endlich erreichten sie eine knorrige Eiche. Ihre Blätter waren winterbraun, doch mitten im Geäst hockte ein großer kugeliger Strauch mit moosgrünen Blättern. Zwischen den Blättern saßen wie in einem bequemen Lehnstuhl glasig weiße Kügelchen.

„Nimm die Blätter und Stängelchen, wirf sie über Nacht ins Wasser und lass die Bäuerin den Saft trinken", sagte die Drossel.

Schnell zog der Bauer sein Klappmesser aus der Joppentasche, doch da schrie die Drossel entsetzt: „Nein, nicht mit Eisen! Das Eisen nimmt der Mistel ihre wunderbare Heilkraft!"

Erschrocken klappte der Bauer sein Messer wieder zu und zupfte vorsichtig ein paar Hände voll Blätter und dünne Stängelchen von der Mistelkugel. Er legte sie auf ein weißes Tuch, hob alles in seinen Rückenkorb und ging erwartungsfroh heim.

„Drei Tassen am Tag!", rief ihm die Drossel noch nach.

Die Bäuerin wunderte sich, was der Bauer denn mit den Mistelblättern machen wollte, als er einen Topf mit Wasser füllte und die Blätter und Stängelchen hineinlegte. Er aber sagte nichts und lächelte nur ein bisschen.

Am nächsten Tag trank die Bäuerin vom Saft, und am übernächsten wieder, und wieder und wieder, … und schon nach einigen Wochen spürte sie, dass sich unter ihrem Herzen etwas bewegte. Der Bauer und seine Frau freuten sich riesig und dankten Gott, dass er den Pflanzen und Tieren so viele verborgene Kräfte gegeben hat.

Endlich kam der Tag, an dem das Kind geboren wurde. Und weil das ausgerechnet am Tag des hl. Laurentius geschah, nannten sie es Lorenz.

Lorenz wuchs heran, er half seiner Mutter bei der Arbeit im Haus, im Garten und im Stall, vor allem aber spielte

er gern mit dem roten Kätzchen, das ihm immer nach-
rannte, wohin er auch ging. Er half seinem Vater bei der
Arbeit auf dem Feld und draußen im Wald. Dort gefiel
es ihm am besten. Er lernte, die Vögel an ihrem Gesang
erkennen, er lernte die Spuren der einzelnen Tiere im
Schnee, er spürte, wenn das Wetter wechselte. Als er
erwachsen wurde, baute er sich ein kleines Häuschen
mitten im Wald. Gleich daneben stellte er eine Futterkrippe auf und fütterte die hungrigen Rehe im Winter,
so wie er es bei seinem Vater gesehen hatte.

Vielleicht kommt jemand von euch einmal an dem Häuschen mitten im Wald vorbei. Dann fragt, ob da der Lorenz wohnt, und dann grüßt ihn bitte ganz lieb von mir.

Und jetzt darf **Ich**

auf der nächsten Seite mit meiner F‌A‌N‌T‌A‌S‌I‌E spielen!

Ich darf die Geschichte künstlerisch gestalten
mit Techniken und Farben, die ich wähle,

ich darf eine Komposition in Melodie oder W‌O‌R‌T‌E‌n dazu
erfinden,

ich darf sie weiter TRÄUMEN, weiter *SCHREIBEN*,

ICH DARF ...

VORSICHT

Bevor du mit der Arbeit beginnst, lege ein dickes Blatt unter die
freie Seite, damit die erste Seite der nächsten Geschichte nicht
beschädigt wird.

Der Riese Abefinorut

Vor unermesslich langer Zeit und dennoch lange nachdem Gott das Land vom großen Wasser getrennt hatte, wuchsen Riesenbäume zum Himmel, durchstreiften Riesentiere die mächtigen Wälder, durchpflügten Riesenfische die tiefen Meere, und Riesenmenschen wanderten von Land zu Land, wie später, viel später, die Nomaden. Irgendwann einmal wurden auch die Riesen des Wanderns müde und suchten sich einen schönen Platz zum Wohnen. Tausende von Jahren bevor König Laurin im Rosengarten wohnte, ließ sich am Fuß des Bergs Abefinorut mit seinem Volk nieder. Er war der Weiseste, der Stärkste unter ihnen, deshalb nannten ihn seine Riesenleute den "Anführer".

Wenn Abefinorut seinen Zeigefinger durch die Wolkendecke streckte und darin Kreise zog, regnete es, so dass der Boden und die Pflanzen, die Tiere, ja alle Geschöpfe ihren Durst löschen konnten. Er fing die Strahlen der Sonne ein, so dass alles, was atmete und lebte, aus ihrer Wärme, ihrem Licht, Heil und Wachstum erlangte. Wenn Frost, Eis und Schnee die Erde gefangen hielten, legte er seine warme Riesenhand auf den erstarrten Boden, das Eis schmolz und alles Leben erwachte aus seinem Kälteschlaf.

So lebte Abefinoruts Volk sorglos und glücklich. Nichts fehlte den Riesenmenschen. Sie liebten sich, sie vermehrten sich, sie befolgten stets seinen weisen Rat, schätzten und verehrten ihn.

Eines Tages merkte Abefinorut aber, dass ihm etwas fehlte, und je länger er darüber nachgrübelte, umso kräftiger drang es in sein Bewusstsein: Was ihm fehlte, war die Liebe, die Liebe einer Frau. Plötzlich wusste er: es war nicht genug, nur Güte zu schenken und Tag und Nacht für sein Volk zu sorgen; er wollte nicht nur verehrt, er wollte geliebt werden! Von einem besonderen Menschen, den er fest in seine Arme schließen, herzen und küssen konnte. Und von da an wuchs seine Sehnsucht mit jedem Tag.

Zur Sonnwendfeier veranstaltete das ganze Riesenvolk ein großes Fest. Beim Tanz unter den hohen Farnbäumen fiel ihm Turonifeba auf, und je länger er ihren geschmeidigen Bewegungen folgte und ihre liebliche Stimme an sein Herz rührte, desto kräftiger erwachte sein Begehren nach ihr: Diese Frau musste er haben.

„Oh nein, mein Herz gehört bereits einem anderen!", lachte sie und verschwand im Dickicht des Waldes.

Da durchfuhr Abefinorut ein stechender Schmerz und ein Gefühl, das er noch nicht gekannt hatte. So warm sein Herz eben noch gewesen war, so kalt und hart wurde es mit einem Mal. Wie gelähmt stand er da in seinem Zorn, mit erhobenem Arm und zum Himmel gerecktem Zeigefinger. Er hatte doch nur Gutes getan! Wie konnte ihn dieses geliebte Mädchen verstoßen?

„Verflucht sollst du sein, Erde, und alles, was lebt! Und du, unseliger Ort, an dem mir die Liebe verweigert wurde, sollst versinken in einem Meer. Du, Turonifeba, sollst mit dem ganzen Volk unter Korallengebilden beerdigt sein! Selbst Könige sollen an diesem Ort kein Glück erfahren!"

Als er ausgeredet hatte, begann es zu regnen, und es regnete so lange, bis das Land überflutet war. Und es regnete immer weiter, bis dort, wo früher das Volk der Riesen gewohnt hatte, ein tiefer Ozean entstanden war.

In Jahrmillionen wuchsen in diesem Meer gewaltige Korallenriffe. Und als nach Jahrmillionen das Meer wieder austrocknete, ließ es seltsame Gebilde zurück: zu Stein gewordene menschliche Gestalten, riesenhaft und schrecklich oder zart und bezaubernd schön.

Ihr glaubt meiner Geschichte nicht? Heute noch könnt ihr gleich hinter der Kölner Hütte sehen, wie Abefinorut dem Wanderer seinen Riesenfinger mahnend entgegenstreckt.

Und dass die Liebessehnsucht der Könige nicht immer gestillt wurde, erzählt die Sage des unseligen Königs Laurin.

Abefinorut = das Spiegelbild (Palindrom) von Turonifeba

Und jetzt darf **_Ich_**

auf der nächsten Seite mit meiner F$_A$NT$_A$S^I^{E} _spielen!_

Ich darf die Geschichte künstlerisch gestalten
mit Techniken und Farben, die ich wähle,

ich darf eine Komposition in Melodie oder W$_O$RTE$_n$ dazu
erfinden,

ich darf sie weiter TRÄUMEN, weiter SCHREIBEN,

ICH DARF ...

VORSICHT

Bevor du mit der Arbeit beginnst, lege ein dickes Blatt unter die
freie Seite, damit die erste Seite der nächsten Geschichte nicht
beschädigt wird.

Das Märchen vom Schnee

Niemand weiß genau, wann es begonnen hat. Vielleicht schon, sobald die ersten Menschen anfingen, immer bessere Werkzeuge zu bauen, immer stärkere Waffen zu erfinden, sich immer mehr Bequemlichkeiten zu schaffen.

Die Zeiten wechselten einander ab. Es gab Zeiten des Friedens und des Glücks, in denen die Menschen einander helfen und einander liebten, und dann gab es wieder Zeiten, in denen die Menschen nur an sich selbst dachten, und daraus entstand Habgier, Neid und Krieg. Die den Krieg verloren, die Schwächeren, wurden immer ärmer, die den Krieg gewannen, die Schlaueren, die mit den besseren Waffen, die Mächtigeren, die wurden immer reicher.

Sie konnten sich bald alles leisten: spritzige Motorräder, schnelle Autos, eigene Boote, und manch einer besaß sogar sein eigenes Flugzeug. Auch die Kinder bekamen ihr eigenes Fernsehgerät, einen eigenen Computer, sie hatten I-Phones, Gameboys und Handys.

Die Menschen – nicht überall auf der Erde, wohl aber in den so genannten zivilisierten Ländern, in Europa beispielsweise – hatten alles, was sie brauchten.

Und immer noch hatten sie übriges Geld. Deshalb erdachten sie neue Spiele und neue Vergnügungen, neue

Möglichkeiten, das Geld auszugeben. Geld war schließlich zum Ausgeben da.

Die Erwachsenen fuhren nicht mehr mit dem Rad, sondern mit dem elektrisch angetriebenen Frisbee, jeder Jugendliche brauchte sein eigenes Motorrad, jeder Erwachsene sein eigenes Auto.

In den Sommerferien begnügten sich die Menschen nicht mehr damit, in der Heimat zu wandern, zu klettern, zu schwimmen oder einfach auf der Wiese zu liegen und sich vom Vogelgesang und dem Summen der Bienen einschläfern zu lassen; sie mussten fliegen, je weiter desto lieber, so dass immer mehr Flugzeuge den Himmel durchkreuzten. Die Straßen und Autobahnen wurden voller und voller, bis sie ganz verstopft von Autos waren. Motorboote kreuzten vor den Badestränden und Häfen. In den Häusern sorgten Klimaanlagen für kühle Luft.

Im Winter ließen sich die Sportler von den Liften hinauf zur Bergabfahrt bringen. Die Liftkarten waren zwar teuer, die Leute klagten – und benutzten die Lifte trotzdem. Das Hinunterflitzen über den Schnee war einfach zu schön! Und wer immer noch zu viel Geld hatte, ließ sich mit dem Hubschrauber auf hohe Berge bringen. Dann konnte er die Abfahrt im Tiefschnee genießen. Das war ein Gefühl!

Viele Jahre lang ging es so, doch langsam, langsam, so langsam, dass es zuerst niemandem so richtig auffiel, zogen sich die Schneewolken zurück. Macht nichts, sagten sich die Leute. Wir können auch künstlichen Schnee erzeugen. Lasst uns Schneekanonen bauen. Und sie taten es. Wenn die Sonne tief genug über den Himmel wanderte, um dem Winter seine Zeit zu überlassen, fuhren sie ihre Schneekanonen an den Rand der Skipisten und schossen mit ihnen Kunstschnee auf die freigehackten Streifen durch den Wald. Mit Schneekatzen walzten sie die Pisten glatt, und die Sportler kamen und fuhren Ski und Rodel oder mit dem Snowboard. Es störte sie nicht, dass der Wald und die Wiesen rechts und links trüb und braun dastanden: was kümmerte sie das schon!

„So lange wir die Schneekanonen haben, so lange können wir unbesorgt sein, die Gäste werden kommen", sagten sich die Liftbetreiber und Gastwirte.

Schließlich aber trat ein, worüber ein paar mutige Menschen schon seit Jahren gemurrt hatten: „Durch den Luxus, den ihr habt, durch die Abgase, die eure unzähligen Verkehrsmittel erzeugen, durch das übertriebene Heizen im Winter und die Klimaanlagen im Sommer verschmutzt und erwärmt ihr die Luft so sehr, dass die Gletscher schmelzen, dass immer weniger Regen und Schnee fällt, dass eure Erde austrocknet!"
Doch kaum jemand wollte auf sie hören.

So kam der nächste Winter. Man hatte sich gut vorbereitet. Gleich beim ersten Kälteeinbruch bliesen die Kanonen ihren Schnee auf die Pisten, tage- und nächtelang, ununterbrochen.

Als die Pisten endlich befahrbar waren, kam jedoch der warme Wind und Tage voll Sonnenschein, und gemeinsam schleckten sie den Schnee von den Pisten. Aus war's mit Skifahren und Rodeln und Snowboarden und Eislaufen. Denn auch über die Seen wollte sich keine Eisdecke mehr legen. Die Kinder hockten am Fenster und starrten traurig in die graue Landschaft.

„Geh in den Wald, Moos holen für die Krippe", sagte die Mutter zu Christian. „Wenn wir schon keinen Schnee haben, wollen wir doch wenigstens wieder einmal die Krippe aufstellen."
„Das ist doch auch blöd, wenn's nicht schneit!", schnarrte Christian zurück. Dann schlüpfte er doch in seinen Anorak, zog sich die Mütze über die Ohren, schnürte seine Wanderschuhe, nahm einen Korb in den Arm und ging verdrossen in den Wald. Er musste lange gehen, bis er endlich einen Stein fand, von dem sich das Moos wie eine Decke ablösen ließ. Vorsichtig schob er seine Finger, seine Hände unter die Moosplatte, um sie ja nicht zu zerreißen. Plötzlich krabbelte etwas unter seinen Fingern. Er zuckte zurück, es grauste ihn.
Doch die Neugierde war stärker. Behutsam hob er die Moosplatte ein bisschen auf, so dass er darunter hineinschauen konnte. Ein goldener Käfer streckte ihm seine Fühler entgegen.
„Du bist traurig, und ich weiß auch warum. Es schneit nicht mehr. Die Welt ist zu warm geworden.

Das ist schlecht für euch Menschen. Aber auch für die Tiere und Pflanzen. Du kannst keinen Schneemann mehr bauen, keine Schneeballschlachten mehr machen, nicht mehr Skifahren, ..."

„Das ist das Traurigste!", unterbrach Christian seufzend den Goldkäfer.

„Wenn du beweisen kannst, dass du ein unerschrockenes, starkes, gutes Herz hast, wirst du die Dinge ändern können."

„Was muss ich da tun?"

„Hör zu: Steig zuerst auf den höchsten Kalksteinberg und rufe den Menschen die Worte zu, die ich dir mitgeben werde. Geh dann zu den Reichen der Welt und sag ihnen die Worte, die ich dir mitgeben werde. Geh endlich zum mächtigsten Mann der Welt und sag ihm die Worte, die ich dir mitgeben werde."

„Wo sind die Worte, die du mir mitgeben willst?"

„Du wirst sie hören, immer wenn du angekommen bist. Und nun geh. Die Zeit ist knapp. Leb wohl!"

Erschreckt und aufgeregt zog Christian seine Hand unter der Moosplatte hervor.

Wo war der höchste Kalksteinberg? In welche Richtung sollte er gehen? Ratlos lehnte er sich an einen dicken Baumstamm. Da hörte er aus der Baumkrone ein mächtiges Flügelschlagen und dann: „Krirrh, krirrh, setz dich auf meinen Rücken, ich will dich zum höchsten Kalksteinberg bringen." Christian setzte sich auf den Rücken des mächtigen Vogels und hielt sich an den starken Halsfedern fest. Der Vogel breitete seine Schwingen aus, hob und senkte sie ein paar Mal, dann flog er los.

Christian war's, als ob er träumte. Unter ihm der Wald, das Elternhaus, die Stadt. Mit jedem Flügelschlag wurden die Landschaften unter ihm kleiner und immer kleiner, und endlich schaute er wie in eine Weihnachtskrippe hinunter. Plötzlich sah Christian einen hohen, weißen Berg in der Ferne, der Vogel flog direkt auf ihn zu und landete auf seinem Gipfel.

Christian hörte in sich eine kraftvolle Stimme, er öffnete den Mund und die Stimme drang laut, wie ohrenbetäubender Donner, aus ihm: „Hört, ihr Menschen, hört! Unsere Erde ist krank, sie liegt im Sterben. Nur wir können sie retten! Denkt nach, denkt nach!" Dann war die Stimme in Christian verstummt – und auch der Vogel war verschwunden.

Christian stieg vom Berg herunter. Nun sollte er zu allen Reichen gehen. Wie konnte er sie finden? Gab es nicht zu viele Reiche, wie sollte er …

Da sprang ihm ein Wiesel in den Weg. Es hatte sein Sommerkleid gegen das weiße Winterfell ausgetauscht und wurde deshalb von den Menschen Hermelin genannt. „Du suchst die Reichen der Welt. Ich weiß es vom Goldkäfer. Und ich weiß auch, wo die Reichen wohnen. Wir Hermeline meiden sie, denn sie machen sich weiche Pelze aus unserem Fell. Setz dich auf meinen Rücken, ich trag dich zu ihnen."

Schon eilte das Hermelin übers Land, und vor den Palästen und Häusern der Reichen hieß es Christian absteigen.

Und während Christian durch die Türen ging, klang die mächtige Stimme wieder in ihm, und er rief den Reichen zu: „Unsere Erde ist krank, sie liegt im Sterben. Nur ihr könnt sie retten. Denkt nach, denkt nach!" So trug das Hermelin Christian von Palast zu Palast, von Haus zu Haus, bis die beiden endlich am Meer ankamen.

„Ich kann dich nicht über das große Wasser tragen. Aber du hast ein mutiges und gutes Herz. Jemand wird kommen und dir helfen."

Und es kam der Wind. Vom Meer her blies er Christian ins Gesicht, fuhr ihm in die Kleider und hob ihn hoch. Dann drehte sich der Wind und nahm Christian mit. Er wehte nun, ganz gegen seine Gewohnheit, nach Westen hinaus aufs Meer und trug den Jungen über den tiefen, tiefen, großen Ozean. Da war es auf einmal, als ob dem Wind die Luft ausging, er blies schwächer und schwächer und setzte Christian endlich in einem wunderschönen Park vor einem prächtigen weißen Haus ab. Christian hörte gerade noch, wie der Wind ihm zuwehte: „Hier brauchst du den größten Mut!"

Er stand jetzt allein da und wusste nicht, was er tun sollte. Als sich aber die Glastür des Hauses zum Park hin öffnete und der mächtigste Mann der Welt heraustrat, hörte Christian wieder die Stimme, die gewaltig aus ihm rief: „Höre, du Mächtigster, hör! Unsere Erde ist krank, sie liegt im Sterben. Nur du kannst sie retten! Denk nach, denk nach!" Der mächtigste Mann der

Welt schaute Christian verblüfft an. Wie wagte es dieser kleine Strolch, ihn belehren zu wollen? Christian aber verneigte sich höflich und ging davon.

Lange, lange, lange war der Weg, bis Christian wieder nach Hause kam, in den Wald, wohin ihn seine Mutter zum Moos holen geschickt hatte.

Und wie er die Moosplatte vom Stein hob, war's ihm, als ob der Goldkäfer lächelte. „Lange warst du auf dem Weg, manches Jahr. Du hast gezeigt, dass du ein unerschrockenes, starkes, gutes Herz hast. Die Menschen haben auf dich gehört und nachgedacht. Sie sind genügsamer geworden, sie teilen untereinander, sie verschwenden nichts mehr, sie haben das Sparen wieder gelernt. Das hat der Erde gut getan. Und nun geh heim, deine Mutter wartet noch immer aufs Moos."

Rasch löste Christian ein wenig Moos vom großen Stein und legte es in den Korb, der noch immer dastand. Dann rannte er heim.

Noch ehe er aus dem Wald kam, tanzten die ersten weißen Flocken vom Himmel. Immer dichter schneite es, so dass er bald schon fast nichts mehr sehen konnte. Da hörte er ganz schwach eine Stimme aus der Ferne: „Christian, Christian!"

„Mutter, Mutter!", schrie Christian zurück und rannte in ihre Arme.

Und jetzt darf **_Ich_**

auf der nächsten Seite mit meiner F_ANT_AS I^E _spielen!_

Ich darf die Geschichte künstlerisch gestalten
mit Techniken und Farben, die ich wähle,

ich darf eine Komposition in Melodie oder WORTE*n* dazu
erfinden,

ich darf sie weiter TRÄUMEN, weiter *SCHREIBEN,*

ICH DARF ...

VORSICHT

Bevor du mit der Arbeit beginnst, lege ein dickes Blatt unter die
freie Seite, damit die erste Seite der nächsten Geschichte nicht
beschädigt wird.

Werkverzeichnis:

„Johanna und die Zeit
oder die Geheimnisse der Sonnenuhr" . . . . . . vergriffen
Verlag Pierette

Alle weiteren Werke im Provinz Verlag:

„He du, großer Komet!" . . . . vergriffen

„Ciao, Cometa!" . . . . vergriffen

„Pilù, wo bist du, Pilù?" . . . . vergriffen

„Pilù, Pilù, dove sei?"

„Bis zur letzten Umarmung"

„Die Liebe erzählt von da und dort, für dich und mich"